The glen

Draw  Draw _____	**Scotland**  Scotland _____
croft  croft _____	**little**  little _____
river  river _____	**glen**  glen _____

sun

sun _____

crofts

crofts _____

Write

Write _____

Macfuzz

Macfuzz _____

love

love _____

trees

trees _____

chief

chief _____

In

In ____

Mac

Mac _____

hills

hills _____

clan

clan _____

more

more _____

Write these words and colour them in.

called

called called _____

The

The The _____

There

There   There   _____

Can

Can   Can   _____

They

They   They   _____

He

He   He   _____

This

This   This   _____

Draw these things.

Macfuzz

hills

chief

river

croft

love

Mac

glen

In

crofts

more

little

clan

Scotland

trees

sun

Write the words.

8

Can you read these words?

a black fuzzbuzz colour goes is
crack and box this under an buzz
the up down fun house in jumping
lives good drops next there it sleep
to yellow tree on into apple come
are fuzzbuzzes go these with big
comes green first out umbrella some
onto play now mad red at back
creeps his can jump tin brown you
going of they van rock things
see blue coming end from get them
happy read letter ribbon words

stop

Can you read words 1 at the back?

The clan

bagpipes

bagpipes _____

stick
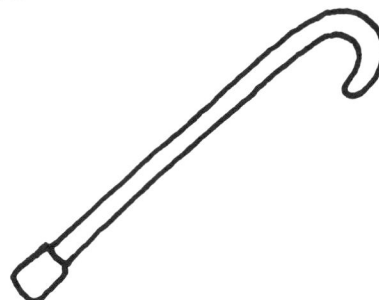
stick _____

pocket
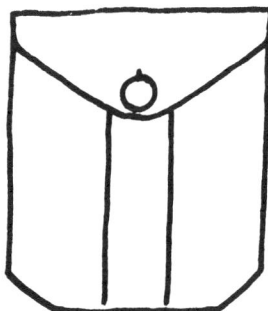
pocket _____

vest
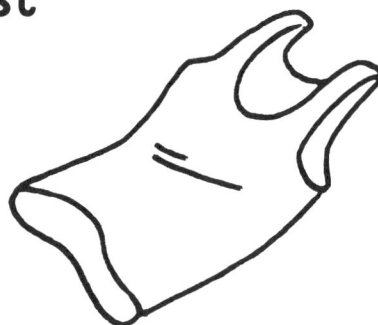
vest _____

Big

Big _____

grumpy

grumpy _____

Angus  Angus _____	**boots** 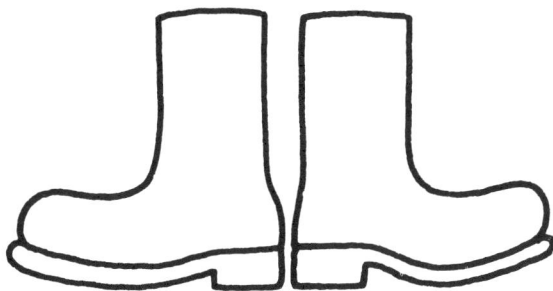 boots _____
kilt  kilt _____	**Tosh**  Tosh _____
Ben  Ben _____	**pom-pom**  pom-pom _____
bonnet  bonnet _____	**Hilda**  Hilda _____

11

cap

cap _____

Jock

Jock _____

Black

Black _____

last

last _____

net

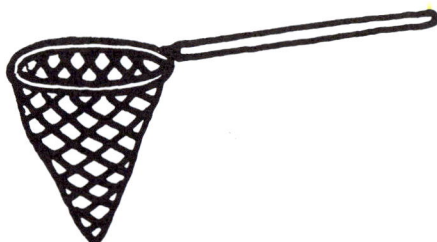

net _____

Windbag

Windbag _____

Don

Don _____

zip

zip _____

Write and colour these words.

His   His   _____

so   so   ____

has   has   _____

Can you read these words?

write he ink orange picks letters

puts draw egg jumps drops garden

apple go creeps dump apples mad

spring they upset coming gets trick

writes mattress bump slinx jumping at

Draw these things.

Windbag

pom-pom

boots

Black

vest

Hilda

cap

Tosh

bagpipes

stick

zip

Ben

Draw some more things.

bonnet

Jock

grumpy

kilt

Don

net

Big

pocket

Angus

last

Write the words.

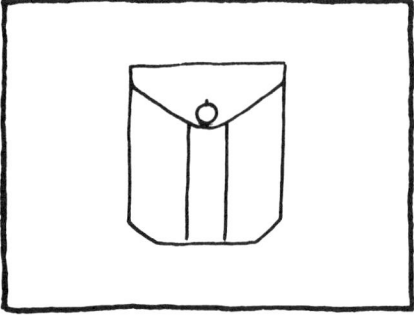

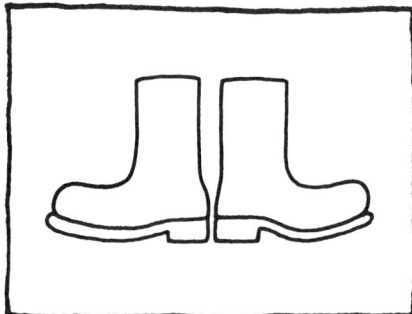

Write some more words.

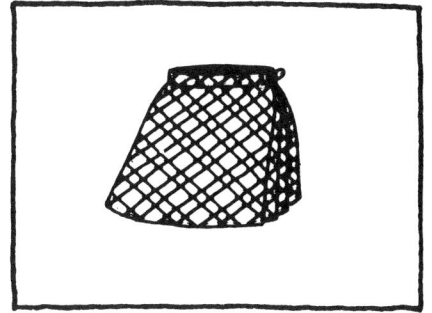

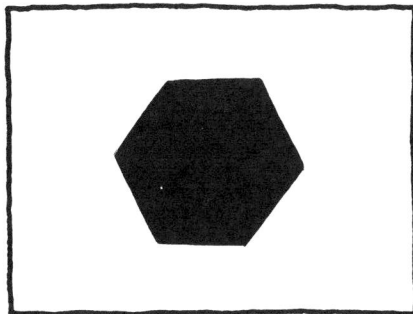

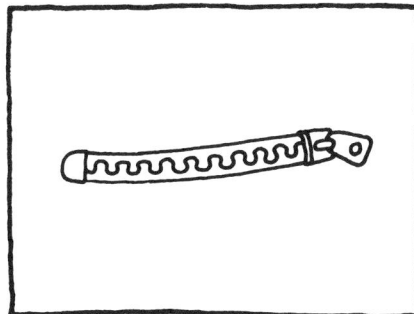

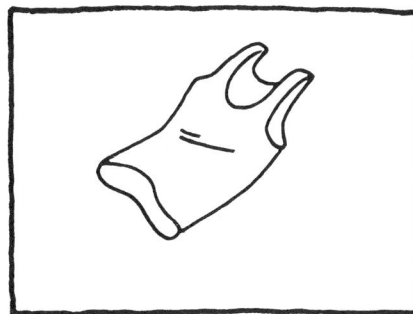

Can you read words 2
at the back?

The words for
The haggis hunt

Down

Down _____

across

across _____

haggis

haggis _____

ready

ready _____

top

top _____

fast

fast _____

18

grass

grass _____

dinner

dinner _____

hunt

hunt _____

missing

missing _____

two

two _____

gun

gun _____

off

off _____

still

still _____

Draw these things.

across

still

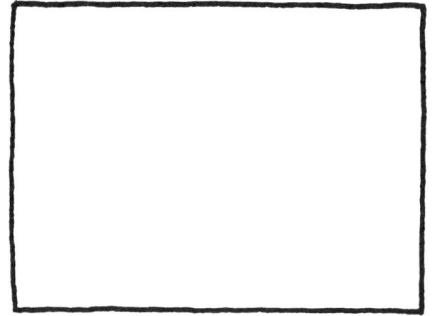

gun

haggis

off

missing

two

hunt

grass

ready

fast

dinner

Write and colour these words.

It

It   It   ____

because

because   because   _____

very

very   very   _____

Where

Where   Where   _____

that

that   that   _____

as

as   as   ____

Write the words.

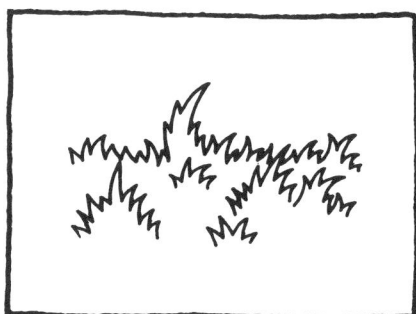

Write and colour these words.

for

for   for   _____

have

have   have   _____

not

not   not   _____

something

something   something   _____

cannot

cannot   cannot   _____

stop

Can you read words 3 at the back?

23

The words for
Jock the pocket

Next  Next _____	**pin** 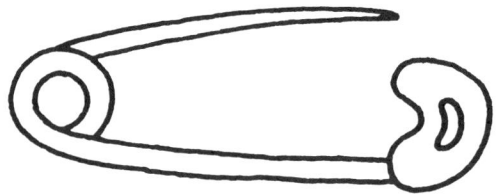 pin _____
frog  frog _____	**well**  well _____
hand 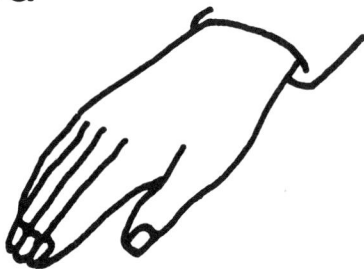 hand _____	**sing**  sing _____

cup

cup _____

log

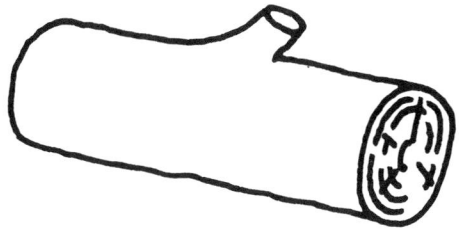

log _____

jet

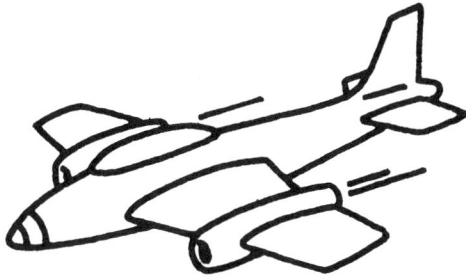

jet _____

ring

ring _____

duck

duck _____

fan

fan _____

mop

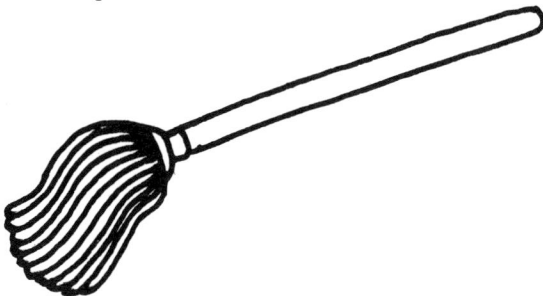

mop _____

full

full _____

astonishing 	gives 
astonishing _____	gives _____
pulls 	fed 
pulls _____	fed _____

Write and colour these words.

just

just   just   _____

we

we   we   _____

Draw these things.

pin

gives

ring

pulls

frog

astonishing

duck

well

cup

hand

log

fed

sing

jet

fan

mop

Write the words.

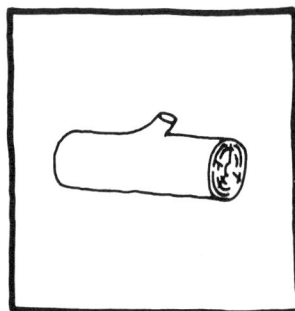

Write and colour these words.

A

A   A   ___

him

him   him   ____

Now

Now   Now   ____

all

all   all   ___

But

But   But   ____

stop

Can you read words 4 at the back?

The words for
Don the bonnet

Little 	**bank** 
Little _____	bank _____
help 	**fix** 
help _____	fix _____
trunk 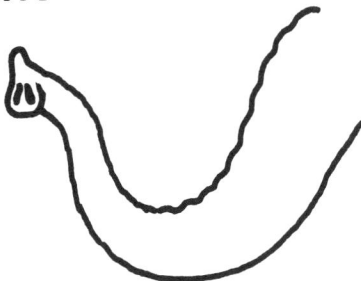	**sits** 
trunk _____	sits _____

kick

kick _____

mud

mud _____

trip

trip _____

pond

pond _____

tells

tells _____

hits

hits _____

Draw these things.

help

sits

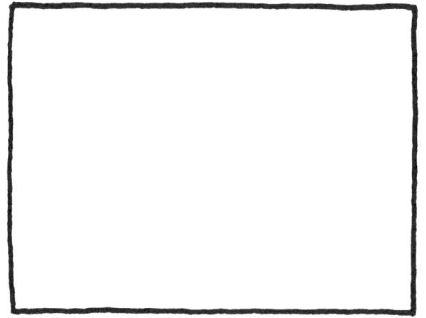

mud

Little

trunk

kick

tells

pond

bank

hits

fix

trip

Write and colour these words.

At   At   ____

trips   trips   ____

Why   Why   ____

She   She   ____

asks   asks   ____

getting   getting   ____

will   will   ____

Write the words.

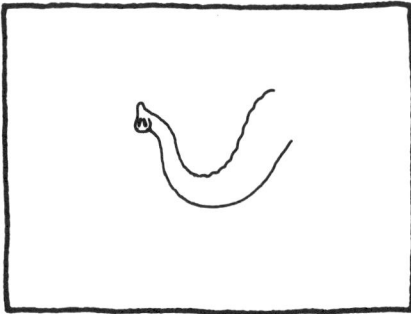

Write and colour these words.

What   What   _____

does   does   _____

himself   himself   _____

she   she   _____

why   why   _____

her   her   _____

stop

Can you read words 5 at the back?

The words for
The contest

Crack	medal

Crack _____	medal _____
slippery	eat

slippery _____	eat _____
shock	runs

shock _____	runs _____

tent

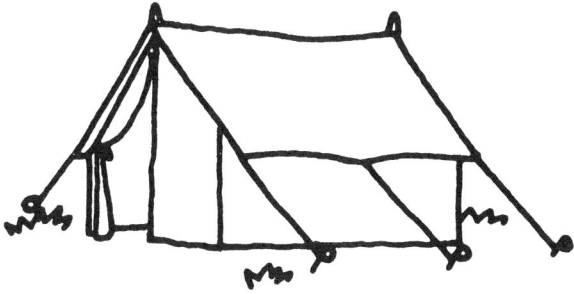

tent _____

How

How _____

crashing

crashing _____

summer

summer _____

one

one _____

wet

wet _____

Splash

Splash _____

contest

contest _____

win

win _____

crossbar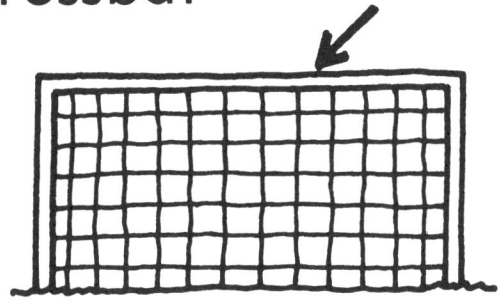

crossbar _____

hot

hot _____

thick

thick _____

Write and colour these words.

ends

ends   ends   _____

without

without   without   _____

Draw these things.

medal

tent

crossbar

one

slippery

win

thick

eat

contest

runs

How

shock

wet

crashing

hot

summer

Write and colour these words.

All   All _____

but   but _____

Every   Every _____

do   do _____

Some   Some _____

Write the words.

Can you still read these words?

a colour egg fuzzbuzz goes

this and black stop the

up draw box is under

buzz write jumps an crack

fun down he into there

drops it garden lives on

yellow good house in jumping

next tree to sleep mattress

big mad come apples first

go some play these umbrella

are   fuzzbuzzes   onto   red   with

green   comes   now   apple   out

back   his   jump   of   slinx

things   brown   can   spring   at

creeps   dump   tin   going   upset

van   they   see   you   rock

coming   gets   blue   letter   read

them   end   happy   orange   trick

from   get   letters   ribbon   ink

words   picks   writes   puts   bump

stop

Now read words 6 at the back.

words 1 The glen

The ☐   croft ☐   Draw ☐   glen ☐

called ☐   In ☐   There ☐   crofts ☐

This ☐   Mac ☐   clan ☐   hills ☐

Write ☐   trees ☐   more ☐   They ☐

Scotland ☐   chief ☐   little ☐   river ☐

love ☐   sun ☐   Can ☐   He ☐

Macfuzz ☐

words 2 The clan

bagpipes ☐   Angus ☐   pocket ☐   has ☐

Ben ☐   kilt ☐   His ☐   vest ☐   so ☐

Black ☐   net ☐   Tosh ☐   Windbag ☐

last ☐   Jock ☐   boots ☐   cap ☐

Hilda ☐   Big ☐   zip ☐   Don ☐

grumpy ☐   stick ☐   pom-pom ☐   bonnet ☐

words 3   The haggis hunt

fast ☐   hunt ☐   something ☐   as ☐

Down ☐   for ☐   grass ☐   have ☐

still ☐   Where ☐   not ☐   because ☐

haggis ☐   ready ☐   It ☐   that ☐

off ☐   missing ☐   two ☐   very ☐

across ☐   gun ☐   dinner ☐   top ☐

cannot ☐

words 4   Jock the pocket

A ☐   frog ☐   pin ☐   well ☐   fan ☐

Next ☐   just ☐   sing ☐   duck ☐

gives ☐   But ☐   all ☐   jet ☐   pulls ☐

ring ☐   fed ☐   Now ☐   him ☐

full ☐   mop ☐   cup ☐   we ☐   log ☐

hand ☐   astonishing ☐

words 5 Don the bonnet

Little ☐ asks ☐ himself ☐ kick ☐

does ☐ getting ☐ mud ☐ help ☐

trip ☐ She ☐ bank ☐ tells ☐

What ☐ pond ☐ her ☐ why ☐

fix ☐ Why ☐ trunk ☐ hits ☐

At ☐ trips ☐ she ☐ will ☐ sits ☐

words 6 The contest

but ☐ contest ☐ thick ☐ wet ☐

ends ☐ shock ☐ crossbar ☐ one ☐

Some ☐ do ☐ slippery ☐ tent ☐

eat ☐ Crack ☐ runs ☐ without ☐

All ☐ medal ☐ crashing ☐ hot ☐

summer ☐ How ☐ win ☐ Every ☐

Splash ☐